Editado y Actualizado Para El Siglo 21

EL ARTE DE REALIZAR TUS DESEOS
El Sentimiento Es El Secreto

NEVILLE GODDARD
Narrado por Y.R

© 2019 YR Media PR & Yousell Reyes. Todos los derechos reservados.

Título original en inglés:
Feeling is the Secret (1944), Neville Goddard

Título en español:
El arte de realizar tus deseos: El sentimiento es el secreto
Traducción, narración, adaptación y comentarios: Yousell Reyes

Queda prohibida la reproducción total o parcial de esta obra por cualquier medio, incluido electrónico, mecánico, fotocopia, grabación o cualquier otro sistema de almacenamiento y recuperación, sin permiso previo y por escrito del autor.

ISBNs:
ebook: 978-1-968900-00-7
paperback (rústico): 978-1-968900-01-4
hardcover (tapa dura): 978-1-968900-02-1

Para consultas, comentarios o permisos, contactar a:
yousellreyes@yrmediapr.com

Diseño de portada, edición y maquetación: Yousell Reyes

SOBRE ESTA EDICIÓN

Este libro no es simplemente una traducción literal de *"Feeling is the Secret"* (1944) de Neville Goddard, sino una versión cuidadosamente adaptada y enriquecida para el lector contemporáneo.

En esta obra, Yousell Reyes no solo ha traducido las ideas originales de Goddard, sino que las ha interpretado con sensibilidad cultural, actualizando el lenguaje y los ejemplos para hacerlos más accesibles y relevantes en la actualidad. Además, se han añadido reflexiones y ejercicios prácticos para que el lector pueda llevar las enseñanzas a la práctica cotidiana y experimentar resultados reales en su vida.

Este trabajo busca honrar el espíritu profundo del mensaje original, al tiempo que lo convierte en una guía viva, transformadora y útil para quienes desean tomar un papel activo en la creación consciente de su realidad.

Gracias por permitirnos acompañarle en este viaje.

ÍNDICE

PREFACIO DEL NARRADOR 1
PREFACIO 5
CAPÍTULO UNO 7
LA LEY Y SU FUNCIONAMIENTO
....7
CAPÍTULO DOS 28
EL DORMIR 28
CAPÍTULO TRES 47
LA ORACIÓN 47
CAPÍTULO CUATRO 58
EL SENTIMIENTO 58
ESPACIO DE TRANSFORMACIÓN 64
LECTURAS RECOMENDADAS 87
ACERCA DE LOS AUTORES 92

PREFACIO DEL NARRADOR

A lo largo de estas páginas, usted emprenderá un viaje transformador hacia el descubrimiento de su poder interior y la realización de sus deseos más profundos. Este libro no es simplemente una recopilación de teorías abstractas o reflexiones filosóficas; es una guía práctica y espiritual, diseñada para cambiar vidas a través de la comprensión y la aplicación consciente de la ley de la conciencia.

Desde tiempos remotos, la humanidad ha intentado responder a las preguntas esenciales de la existencia: ¿Cuál es el propósito de la vida? ¿Cómo manifestar nuestros sueños más íntimos? ¿Cómo vivir con plenitud?

A lo largo de la historia, diversas tradiciones han codificado estas respuestas bajo símbolos, metáforas o enseñanzas veladas. Este libro, sin embargo, busca desvelar esos secretos con claridad, ofreciendo un camino simple, accesible y transformador para quien desee cambiar su realidad desde adentro.

Organizado en capítulos que abordan temas fundamentales como el sueño, la oración, el sentimiento y la fe, El arte de realizar tus deseos presenta un enfoque estructurado para activar el poder creativo de la conciencia. Cada capítulo invita a la reflexión y a la acción, integrando principios atemporales con una perspectiva moderna y aplicable.

Este libro no promete milagros sin compromiso ni transformaciones instantáneas. En su lugar, ofrece herramientas reales para emprender un camino personal de autodescubrimiento, expansión y manifestación. Al aplicar sus enseñanzas, el lector aprenderá a alinear sus pensamientos, emociones y creencias con sus anhelos más profundos, convirtiéndose en el arquitecto consciente de su destino.

El verdadero poder de este texto radica en su capacidad para despertar lo que ya habita en usted. La llave está en su disposición para abrir la mente y el corazón, practicar con constancia y vivir con fe. Quienes se entreguen a este viaje con apertura descubrirán que la realización de sus deseos no es una fantasía lejana, sino una posibilidad tangible.

Le invito a sumergirse en estas enseñanzas con curiosidad, entusiasmo y esperanza. Permita que esta guía lo acompañe en el camino hacia una vida más consciente, plena y auténtica. Porque *El arte de realizar tus deseos* no es solo un libro: es un espejo, un mapa y una chispa.

—Y.R

PREFACIO

El propósito de este libro es demostrar cómo puede hacer realidad sus deseos. Aquí aprenderá acerca del mecanismo que tiene al alcance y que puede utilizar para alterar su mundo visible. Este es un libro breve, pero no liviano. Si logra comprenderlo, hallará un tesoro en él, uno capaz de ayudarle a liberar su camino de obstáculos y acercarse más a sus sueños.

Si fuera posible transferir la convicción a otra persona por medio de argumentos, este libro sería muchas veces su tamaño. Sin embargo, he omitido deliberadamente todos los argumentos y testimonios porque la intención es desafiar al lector a abrir su mente y practicar la ley de la conciencia, como se revela en este libro.

El éxito personal será infinitamente más persuasivo que cualquier libro que se pudiera escribir sobre el tema.

—**Neville Goddard**

CAPÍTULO UNO

LA LEY Y SU FUNCIONAMIENTO

El mundo, y todo dentro de él, nace de la conciencia objetivada de todos nosotros. La conciencia es la causa y la sustancia del mundo entero.

Por lo tanto, debemos recurrir a la conciencia si queremos descubrir el secreto de la creación.

Una vez obtenga el conocimiento de la ley de la conciencia y aprenda el método para operar esta ley, podrá lograr todo lo que desea en la vida. Y si adquiere un conocimiento práctico de esta ley, podrá construir y mantener su mundo ideal.

La conciencia es la única realidad, no figurativamente, sino realmente. Esta realidad puede ser comparada con una corriente que está dividida en dos partes: lo consciente y lo subconsciente. Para operar inteligentemente la ley de la conciencia, es necesario comprender la relación entre lo consciente y lo subconsciente.

Lo consciente es personal y selectivo; lo subconsciente es impersonal y no selectivo. Lo consciente es el reino del efecto; lo subconsciente es el reino de la causa. Estos dos aspectos son las divisiones masculinas y femeninas de la conciencia. Lo consciente es masculino; lo subconsciente es femenino.

Lo consciente genera ideas e imprime estas ideas en lo subconsciente; lo subconsciente recibe ideas y les da forma y expresión.

Por esta ley, primero se concibe una idea y luego se estampa en lo subconsciente; todas las cosas surgen a partir de la conciencia, y sin esta secuencia, no hay nada que se pueda hacer.

Lo consciente graba en lo subconsciente, mientras que lo subconsciente expresa todo lo que está almacenado en él.

Lo subconsciente no origina ideas, sino que acepta como verdaderas aquellas que la mente consciente siente como verdaderas y, de una manera conocida solo por sí misma, objetiva las ideas aceptadas.

Por lo tanto, a través de su poder para imaginar y sentir, y su libertad para elegir la idea que albergará, el hombre tiene control sobre la creación. El control de lo subconsciente se logra mediante el control de las ideas y los sentimientos.

El mecanismo de la creación está oculto en la profundidad misma de lo subconsciente, el aspecto femenino; el útero de la creación.

Lo subconsciente trasciende la razón y es independiente de la inducción. Contempla un sentimiento como un hecho que existe dentro de sí mismo y, en este supuesto, procede a expresarlo. El proceso creativo comienza con una idea y su ciclo sigue su curso como un sentimiento y termina en una voluntad de actuar.

Las ideas se imprimen en lo subconsciente a través del sentimiento.

Ninguna idea puede imprimirse en lo subconsciente hasta que se siente, pero una vez que se siente, sea buena, mala o indiferente, debe expresarse.

El sentimiento es el único medio a través del cual las ideas se transmiten a lo subconsciente.

Por lo tanto, el individuo que no controla sus sentimientos puede fácilmente impregnar su subconsciente con estados indeseables. Controlar los sentimientos no se refiere a la restricción o supresión de estos, sino a tener la disciplina de sí mismo para imaginar y aceptar solo los sentimientos que contribuyen a su felicidad.

<u>Debemos entender que el control de los sentimientos es clave para una vida plena y feliz.</u>

Nunca albergue sentimientos indeseables por tiempo prolongado; ni piense con interés sobre el mal en ninguna forma. No se detenga en la imperfección de sí mismo o de los demás. Al hacerlo, estará alimentando a lo subconsciente con dichas limitaciones. Lo que no desea para sí, jamás se lo desee a otro. Esta es la ley para una vida plena y feliz. Todo lo demás es complementario.

Cada sentimiento hace una impresión en lo subconsciente y, a menos que sea contrarrestado por un sentimiento más poderoso de una naturaleza opuesta, debe ser expresado.

El dominante de dos sentimientos es el que se expresa. "Estoy sano" genera un sentimiento más fuerte que "estaré sano". Sentir que "serás" es confesar lo que no es.

El "*Yo soy*" debe ser más fuerte que "*no soy*".

Lo que siente ser siempre domina lo que le gustaría ser; por lo tanto, para ser realizado, el deseo debe ser sentido como un estado que es, más que un estado que no es.

La sensación precede a la manifestación y es el fundamento sobre el cual descansa toda manifestación.

Tenga cuidado con sus estados de ánimo y sentimientos, ya que existe una conexión ininterrumpida entre sus sentimientos y su mundo visible. Su cuerpo es un filtro emocional y lleva las marcas inconfundibles de sus emociones predominantes. Los trastornos emocionales, especialmente las emociones reprimidas, son la raíz de todas las enfermedades. Aferrarse a un sentimiento negativo e intenso marca el inicio de una enfermedad, afectando tanto al cuerpo como al entorno.

Nunca se aferre a sentimientos de arrepentimiento, fracaso, frustración o desapego.

Piense con sentimiento solo en el estado que desea realizar. Sienta la realidad del estado buscado, viva y actúe de acuerdo con esa convicción. Ese es el camino de todos los milagros aparentes.

Todos los cambios de expresión se producen a través de un cambio de sentimiento. Un cambio de sentimiento es un cambio de destino. Toda la creación se produce en el dominio de lo subconsciente. Lo que debe adquirir, entonces, es un control reflexivo de la operación de lo subconsciente, es decir, el control de sus ideas y sentimientos.

La casualidad o el accidente no son responsables de las cosas que le suceden, ni el destino predestinado es el autor de su fortuna o desgracia. Sus impresiones en lo subconsciente determinan las condiciones que le rodean. Lo subconsciente no es selectivo; es impersonal y no respeta a las personas. [Hechos 10:34; Romanos 2:11]

A lo subconsciente le es indiferente la verdad o falsedad del sentimiento. Este siempre acepta como verdad lo que usted siente que es verdad. Sentir es el consentimiento de lo subconsciente a la verdad, de lo que se declara verdadero. Debido a esta cualidad de lo subconsciente, no hay nada imposible para nosotros.

Independientemente de lo que la mente de una persona pueda concebir y sentir como verdadera, lo subconsciente puede y debe objetivar.

Sus sentimientos crean el patrón a partir del cual se forma su mundo, y un cambio de sentimiento es un cambio de patrón. Lo subconsciente nunca deja de expresar lo que se ha impreso en él.

En el momento en que recibe una impresión, este comenzará a elaborar las formas de su expresión. De esta manera, lo subconsciente acepta el sentimiento que se le inculca, como un hecho que existe dentro de sí mismo e inmediatamente se propone producir en el mundo externo u objetivo, la semejanza exacta de ese sentimiento.

Lo subconsciente nunca altera las creencias inculcadas; en consecuencia, las recreará hasta el último detalle, sean o no beneficiosas.

Para impactar a lo subconsciente con el estado deseado, debe asumir el sentimiento que sería suyo una vez haya realizado ese deseo. Al definir su objetivo, solo debe preocuparse por el objetivo en sí.

La forma de expresión o las dificultades involucradas para lograr lo deseado no deben ser de preocupación para usted.

Pensar con sentimiento en cualquier estado altera lo que ya se ha estampado en lo subconsciente. Por lo tanto, si se preocupa de las dificultades, las barreras o los pequeños detalles, lo subconsciente, por su naturaleza no selectiva, aceptará esos sentimientos negativos a medida que usted los sienta como propios. Y de ser así, lo subconsciente procedería a producirlos en su mundo exterior.

Lo subconsciente es el útero de la creación. Recibe la idea en sí misma a través de los sentimientos del hombre. Nunca cambia la idea recibida, sino que siempre le da forma. Por lo tanto, lo subconsciente refleja la idea a imagen y semejanza del sentimiento recibido.

Aunque lo subconsciente sirve fielmente al hombre, no se debe inferir que la relación es como la de un empleado y su patrón. Los antiguos profetas se referían a este como el esclavo y siervo del hombre.

> *Sentir que algo será imposible, dificultoso o inútil, es impregnar lo subconsciente con la idea del fracaso.*

Lo subconsciente sirve cada persona, y da forma fiel a sus sentimientos. Sin embargo, lo subconsciente tiene un distintivo disgusto por la compulsión y responde a la persuasión en lugar de al comando; en consecuencia, se parece más a una pareja que a un sirviente.

Lo consciente es la parte directiva de lo subconsciente. La conciencia es realmente una e indivisa, pero por el bien de la creación, parece estar dividida en dos.

El aspecto consciente (objetivo) es verdaderamente la cabeza y domina el aspecto subconsciente (subjetivo). Sin embargo, este liderazgo no es el de un tirano, sino el de un amante.

Entonces, al asumir el sentimiento que sería suyo cuando alcance su objetivo, lo subconsciente se mueve para construir la semejanza exacta de su suposición.

Sus deseos no son admitidos en lo subconsciente hasta que asuma el sentimiento de esa realidad, ya que solo a través del sentimiento es que lo subconsciente acepta una idea, y solo a través de esta aceptación lo subconsciente se expresa.

Es más fácil atribuir sus sentimientos a los acontecimientos del mundo que admitir que las condiciones del mundo reflejan sus sentimientos. Sin embargo, es eternamente cierto que *el exterior refleja el interior*.

"Como es adentro, es afuera", "Como es afuera, es adentro", "Como es arriba, es abajo". [El segundo de Los Siete Principios Herméticos]

"Una persona no puede recibir nada a menos que se le haya dado del cielo". [Juan 3:27]

"El reino de los cielos está dentro de ti". [Lucas 17:21] Nada viene de fuera, todas las cosas vienen de dentro, del subconsciente.

Es imposible para usted ver más allá de los contenidos de su conciencia. Su mundo en cada detalle es su conciencia objetivada. Los estados objetivos son testigos de impresiones de lo subconsciente. Un cambio de impresión da como resultado un cambio de expresión.

Lo subconsciente acepta como verdadero aquello que siente como verdadero, y como la creación es el resultado de impresiones de lo subconsciente, usted, a través del sentimiento, determina la creación.

Ya usted es lo que quiere ser, y su rechazo a creerlo es la única razón por la que no lo ve.

Buscar en el exterior aquello que no siente ser es buscar en vano, porque nunca encontramos lo que queremos; solo encontramos lo que somos. En resumen, usted expresa y tiene, solo aquello que es consciente de ser o poseer.

"Al que tiene se le da". [Mateo 13:12; 25:29; Marcos 4:25; Lucas 8:18; 19:26]

Negar la evidencia de los sentidos y apropiarse del sentimiento del deseo cumplido es el camino hacia la realización de su deseo.

El dominio del autocontrol de sus pensamientos y sentimientos es su mayor logro. Sin embargo, hasta que no logre un autocontrol perfecto, de modo que, a pesar de las apariencias, sienta solo lo que desea sentir, debe usar el sueño, la visualización y la oración para que su poder interior le ayude a realizar esos estados deseados.

Estas son las dos puertas de entrada a lo subconsciente.

EJERCICIO PRÁCTICO:

Escriba al menos tres afirmaciones en presente (yo soy, yo tengo, yo elijo) relacionadas con algo que desea cambiar en su vida.

Durante una semana, léalas cada mañana y noche sintiendo que ya son reales.

Yo soy:

_____
_____
_____
_____

Yo tengo:

_____
_____
_____
_____

Yo elijo:

_____
_____
_____
_____

CAPÍTULO DOS
EL DORMIR

Dormir, una necesidad fundamental, ocupará aproximadamente un tercio de nuestra vida en este mundo. Esta sencilla actividad encierra un poder profundo: nos brinda un acceso directo al subconsciente.

Los dos tercios conscientes de nuestra vida en la tierra se miden por el grado de atención que le brindamos al sueño. Nuestra comprensión y deleite por lo que nos ha de otorgar el sueño, nos hará ansiar ese momento noche tras noche.

Es a través del sueño y de la oración —estado similar al sueño— que accedemos al subconsciente para implantar en él las impresiones de nuestra vida. Estas impresiones son interpretadas como instrucciones, y más tarde se manifiestan en el mundo exterior.

En los estados del sueño y la oración, lo consciente y lo subconsciente se unen creativamente, así como el macho y la hembra se hacen una sola carne. El sueño es el lugar donde la mente consciente (de naturaleza masculina) se aparta del mundo sensorial para reunirse con su amante: el subconsciente.

El subconsciente —a diferencia de quien se casa con la intención de cambiar a su pareja— no busca transformar al consciente, sino que lo acepta tal como es. Por ello, reproduce fielmente su imagen en el mundo exterior.

Las condiciones y los eventos de su vida son sus hijos, formados a partir de los moldes de sus impresiones en lo subconsciente, en el sueño. Estos están hechos a imagen y semejanza de su sentimiento más profundo, para que puedan revelarse a sí mismos.

"Como en el cielo, así en la tierra". [Mateo 6:10; Lucas 11:2]

Como en lo subconsciente, así en la tierra.

Lo que habita en su conciencia al dormir determina la calidad de su expresión durante los dos tercios conscientes de su vida en la Tierra.

Nada le impide realizar su objetivo, excepto no sentirse ya en posesión de lo que desea ser o tener.

Lo subconsciente da forma a sus deseos solo cuando siente que su deseo se ha cumplido.

La inconsciencia del sueño es el estado normal de lo subconsciente. Debido a que todas las cosas vienen de dentro de sí, y la concepción de usted mismo determina lo que viene; siempre debe sentir el deseo cumplido antes de quedarse dormido.

Nunca rechace desde lo profundo de sí mismo lo que desea para usted; abrace siempre lo que es y siente ser, así como lo que siente como verdadero de los demás.

Para ser realizado, entonces, el deseo debe ser resuelto en el sentimiento de ser o tener; o ser testigo del estado buscado. <u>Esto se logra asumiendo el sentimiento del deseo cumplido</u>. El sentimiento que surge en respuesta a la pregunta, "¿cómo me sentiría si se cumpliera mi deseo?" Es el sentimiento que debe monopolizar e inmovilizar su atención mientras se relaja para dormir.

Debe estar en la conciencia de ser o tener lo que quiere ser o tener, antes de quedarse dormido.

Una vez dormida, la persona no tiene libertad de elección. Su sueño completo está dominado por su último concepto de sí misma despierta.

Por lo tanto, siempre debe asumir el sentimiento de logro y satisfacción antes de retirarse a dormir. El estado de ánimo antes de dormir definirá su estado de conciencia cuando entra en la presencia de lo subconsciente.

El subconsciente lo percibe exactamente como usted se siente. Si, al prepararse para dormir, asume y sostiene una conciencia positiva con afirmaciones como 'Soy exitoso', el éxito será inevitable.

Acuéstese de espaldas con la cabeza al nivel de su cuerpo. Antes de dormir, siéntase como si estuviera en posesión de su deseo y relájese tranquilamente hasta la inconsciencia.

Lo subconsciente nunca duerme. El sueño es la puerta a través de la cual pasa la mente consciente y despierta, para unirse creativamente a lo subconsciente.

El sueño oculta el acto creativo, mientras que el mundo objetivo lo revela. Y en el sueño, el hombre impresiona a lo subconsciente con su concepción de sí mismo.

Cuando se prepare para dormir, siéntase en el estado del deseo cumplido, entonces relájese hasta la inconsciencia.

Su deseo realizado es aquello que busca. Ese sentimiento del deseo cumplido es lo que le llevará a encontrar aquello que busca. Y será a través del sueño que su subconsciente se encargará de darle forma y expresión.

Esta es la manera de descubrir y conducir sus deseos hacia lo subconsciente. Siéntase en el estado del deseo realizado y silenciosamente ríndase ante el sueño.

Noche tras noche, debe asumir el sentimiento de ser, tener y ser testigo de lo que busca ser, poseer y ver manifestado.

Nunca se vaya a dormir sintiéndose fracasado, molesto o angustiado.

Su subconsciente, cuyo estado natural es el sueño, lo ve como usted cree que es, y ya sea bueno, malo o indiferente, lo subconsciente encarnará fielmente esa, su creencia.

Lo que usted siente —y cómo se siente— se convierte en el molde que utiliza su subconsciente, el cual dará forma a esas impresiones, sin importar si le benefician o no.

Ignore las apariencias y sienta que las cosas son como usted desea que sean, porque "Él que llama a las cosas que no se ven como si fueran, hace que lo invisible se vea". [Aprox., Romanos 4:17] *Asumir el sentimiento de satisfacción es invocar condiciones que reflejen la satisfacción*.

> *Las señales siguen, no preceden.*

Lo que usted ES se manifestará solo después de que lo haya reconocido en su conciencia; nunca antes. Usted es un soñador eterno que sueña sueños no eternos. Sus sueños comienzan a tomar forma en el momento en que usted asume el sentimiento de que ya son reales.

No se limite al pasado. Sabiendo que nada es imposible para la conciencia, comience a imaginar estados más allá de las experiencias del pasado.

Lo que la mente de una persona pueda imaginar, esa persona puede alcanzar. Porque todos los estados objetivos (visibles), antes fueron estados subjetivos (invisibles).

El proceso creativo comienza con imaginar y continúa con creer en lo imaginado. Por ello, imagine siempre lo mejor y espere lo mejor.

El mundo exterior no cambiará hasta que usted transforme la forma en que lo concibe. "Como es adentro, es afuera".

Las naciones, así como las personas, son solo lo que usted cree que son. No importa cuál sea el problema, su ubicación o a quién afecte: no tiene a nadie que cambiar excepto a usted mismo, y no tiene oponente ni ayudante para lograr ese cambio dentro de usted. No tiene nada que hacer, sino convencerse de la verdad de lo que desea ver manifestado.

Tan pronto como logre convencerse de la realidad del estado buscado, los resultados le seguirán para confirmar esa creencia fija.

Nunca intente imponer en otro el estado en que desea verlo; en su lugar, convénzase de que ya es aquello que usted desea que sea.

La realización de su deseo se logra asumiendo el sentimiento del deseo cumplido. No puede fallar a menos que no se convenza de la realidad de su deseo. Un cambio de creencia es confirmado por un cambio de expresión.

Cada noche, mientras se quede dormido, siéntase satisfecho y complacido, pues su yo subjetivo siempre forma el mundo objetivo a imagen y semejanza de su concepción de él, la concepción definida por su sentimiento.

Los dos tercios de su vida, los que pasa despierto, corroboran o dan testimonio de sus impresiones a lo subconsciente. Las acciones y eventos del día son efectos; no son causas. El libre albedrío es solo libertad de elección.

"Escoja hoy a quién servirá", [Josué 24:15], pues, aunque puede elegir su actitud, es la expresión de ese estado la que activa el poder creativo del subconsciente.

Lo subconsciente recibe impresiones solo a través de los sentimientos de la persona y, de una manera conocida solo por sí mismo, da forma y expresión a estas impresiones.

Las acciones de una persona están determinadas por sus impresiones al subconsciente.

Su ilusión de libre albedrío, su creencia en la libertad de acción no es más que la ignorancia de las causas que lo hacen actuar. El que se cree libre es porque ha olvidado el vínculo entre él y el evento.

Una persona despierta actúa bajo el impulso de expresar las impresiones de lo subconsciente. Si en el pasado se sintió y pensó imprudentemente, entonces permítase comenzar a cambiar sus pensamientos y sentimientos, porque solo así cambiará su mundo.

No pierda ni un momento en arrepentimiento, porque pensar con sentimiento en los errores del pasado solo le vuelve a infectar la mente con sentimientos pasados. "Deje que los muertos entierren a los muertos". [Mateo 8:22; Lucas 9:60]

Desvíese de las apariencias y asuma la sensación que sería suya si ya fuera lo que desea ser.

> *Sentir un estado produce tal estado.*

La parte que usted juega en el escenario mundial está determinada por su concepción de sí mismo.

Sienta que su deseo se ha cumplido y relájese tranquilamente mientras se duerme, y así moldeará su mundo del mañana desde su sueño.

La aceptación del fin atrae automáticamente los medios para su realización. Pero no se equivoque sobre esto: Usted es libre de elegir cómo se siente y cómo reacciona ante el drama del día, pero el drama, las acciones, los eventos y las circunstancias del día ya se han determinado por lo que le ha impregnado a lo subconsciente.

A menos que de manera consciente y deliberada defina la actitud de la mente con la que se va a dormir, inconscientemente se irá a dormir en una actitud mental compuesta de todos los sentimientos y reacciones del día. Cada reacción causa una impresión en lo subconsciente y, a menos que sea contrarrestada por un sentimiento opuesto y más dominante, es la causa de la acción futura.

Las ideas envueltas en el sentimiento son acciones creativas. Utilice su derecho divino sabiamente. A través de su capacidad de pensar y sentir tiene dominio sobre toda la creación.

Mientras esté despierto, usted es un jardinero que selecciona semillas para su jardín. Su concepción de sí mismo mientras se duerme es la semilla que cae en el suelo de lo subconsciente.

Quedarse dormido sintiéndose satisfecho y feliz, obliga a que aparezcan en su mundo las condiciones y los eventos que confirman estas actitudes de la mente.

El sueño es la puerta al cielo. Aquello que lleve consigo como sentimiento, regresará a usted convertido en condición, acción u objeto. Por ello, duerma sintiendo que su deseo ya está cumplido.

EJERCICIO PRÁCTICO:

Antes de dormir, escriba al menos **tres** cosas por las que se siente agradecido hoy.

Ejemplo: "Gracias porque ya soy amado, exitoso, saludable."

Esto eleva la vibración emocional antes del sueño, preparando el terreno para que el estado deseado se manifieste en su vida.

Gracias por:

_____
_____
_____
_____
_____
_____
_____
_____

CAPÍTULO TRES
LA ORACIÓN

LA ORACIÓN, al igual que el sueño, es también una entrada directa al subconsciente.

"Cuando ore, entre en su aposento, cierre la puerta y ore a su Padre que está en secreto, y su Padre que está en secreto le recompensará abiertamente". [Mateo 6:6]

La oración es una forma de ensoñación que reduce el impacto del mundo externo, permitiendo que la mente se abra a las sugestiones interiores. La mente en oración se encuentra en un estado de relajación y receptividad similar al sentimiento alcanzado justo antes de quedarse dormido.

La oración no se trata tanto de lo que pide, sino cómo uno se prepara para recibir. "Cualquier cosa que desee, cuando ore, crea que la ha recibido, y la tendrá". [Marcos 11:24]

La única condición requerida es firmemente creer que sus oraciones ya han sido atendidas.

Su oración será respondida si asume el sentimiento que tendría al saberse ya en posesión de su objetivo. En el momento en que acepta el deseo como un hecho cumplido, lo subconsciente encuentra los medios para su realización. Para orar con éxito, entonces, debe ceder al deseo, es decir, sentir el deseo cumplido.

Una persona verdaderamente disciplinada permanece siempre en sintonía con su deseo, viviéndolo como un hecho ya realizado. Y sabe que la conciencia es la única realidad, que las ideas y los sentimientos son hechos de la conciencia y son tan reales como los objetos en el espacio; por eso nunca sostiene sentimientos que no contribuyan a su felicidad, ya que los sentimientos son las causas de las acciones y circunstancias de su vida.

Por otro lado, una persona indisciplinada encuentra difícil creer en aquello que sus sentidos niegan y tiende a aceptar o rechazar basándose únicamente en las apariencias sensoriales.

Debido a esta inclinación a confiar en la evidencia sensorial, resulta necesario apartar la atención de los sentidos antes de orar e intentar sentir lo que ellos niegan. Cuando alguien se encuentra en el estado mental de "quisiera, pero no puedo", cuanto más lo intente, menos logrará entregarse verdaderamente al deseo."

> *Nunca se atrae aquello que se desea, sino que siempre se atrae aquello que uno es consciente de ser.*

La oración es el arte de asumir el sentimiento de ser y poseer aquello que se desea.

Cuando los sentidos confirman la ausencia del deseo, todo esfuerzo consciente para contrarrestar esta sugerencia es inútil y tiende a intensificar la sugerencia.

La oración es el arte de entregarse al deseo y no de imponerlo. Si el sentimiento y el deseo se oponen, es el sentimiento el que terminará dominando.

El sentimiento dominante siempre termina expresándose. Por eso, la oración debe ser un acto sin esfuerzo, ya que intentar forzar una actitud mental que los sentidos contradicen resulta inútil.

Para ceder con éxito al deseo como un hecho cumplido, debe crear un estado pasivo, una especie de ensueño o reflexión meditativa similar a la sensación que precede al sueño. En este estado de relajación, la mente se aparta del mundo externo y percibe con facilidad la realidad del estado interno. Es un momento en el que, aunque permanece consciente y podría mover o abrir los ojos, no siente el deseo de hacerlo. Una forma sencilla de alcanzar este estado es relajarse en una silla cómoda o acostarse bocarriba en la cama, con la cabeza alineada al cuerpo, cerrar los ojos e imaginarse a punto de dormir.

En poco tiempo, un sentimiento lejano acompañado de una fatiga general y la pérdida de todo deseo de moverse le envolverá. En ese estado, sentirá un descanso placentero, cómodo e inmóvil. Una vez alcanzado este estado pasivo, imagine que su deseo ya se ha cumplido, sin preocuparse por el cómo, limitándose simplemente a sentirlo como un hecho realizado.

Visualice lo que desea lograr en la vida; entonces siéntase como si ya lo hubiera logrado.

Los pensamientos producen pequeños movimientos del habla que pueden escucharse en el estado pasivo de la oración como pronunciamientos externos. Sin embargo, este grado de pasividad no es esencial para la realización de sus oraciones. Lo único necesario es entrar en un estado de relajación y sentir que el deseo ya ha sido realizado.

TODO lo que pueda necesitar o desear ya le pertenece. No necesita que nadie se lo otorgue: es suyo, aquí y ahora. Haga realidad sus deseos imaginando y sintiendo que ya se han cumplido.

A medida que acepte el final, se volverá completamente indiferente al posible fracaso, porque al asumir el fin, también acepta los medios para alcanzarlo. Al salir del momento de oración, sentirá como si le hubieran mostrado el desenlace feliz y exitoso de una obra, aunque no se le revelen los pasos que conducen hasta allí. Sin embargo, al haber visto el final, permanecerá sereno y confiado, sabiendo que el desenlace ya ha sido perfectamente establecido.

EJERCICIO PRÁCTICO:

Durante su oración, evite pedir o rogar; en su lugar, agradezca como si su plegaria hubiera sido respondida.

Imagine un momento futuro en que su deseo ya se cumplió. Sienta cómo se expresa esa gratitud en su cuerpo: ¿Cómo respira? ¿Cómo sonríe? Escriba abajo:

¿Cómo me visualicé? (Describa qué vio, dónde estaba, qué hacía.)

_____
_____
_____
_____
_____
_____
_____

¿Cómo me sentí? (Describa sus emociones, sensaciones físicas, pensamientos.)

_____
_____
_____
_____
_____
_____
_____
_____

CAPÍTULO CUATRO
EL SENTIMIENTO

"No por poderío, ni por fuerza, sino por mi espíritu, dice el Señor de los ejércitos".
[Zacarías 4:6]

Sumérjase en el espíritu del estado deseado, asumiendo el sentimiento que sería suyo si ya fuese lo que anhela ser. A medida que abrace plenamente ese sentimiento, todo esfuerzo por alcanzarlo desaparecerá, porque, en esencia, ya lo es.

Cada idea en la mente de una persona lleva consigo un sentimiento particular. Para materializar su deseo, capte y asuma el sentimiento que tendría si ya estuviera en posesión de aquello que anhela; al hacerlo, su deseo se manifestará.

La fe es un sentimiento, es sentir; "Según su fe, será para usted". [Mateo 9:29] No atraemos lo que deseamos, sino lo que somos conscientes de ser o poseer. "Al que tiene, se le dará, y al que no tiene, se le quitará..." [Mateo 13:12; 25:29; Marcos 4:25; Lucas 8:18; 19:26] Lo que siente que es, eso es lo que será, y recibirá de acuerdo a lo que cree tener. _Asuma el sentimiento que sería suyo si ya estuviera en posesión de su deseo, y su deseo debe ser realizado._

Usted ya es eso que cree ser.

En lugar de limitarse a depender de Dios o de Jesús, reconozca también que lleva dentro de sí el poder divino del Creador. "El que cree en mí, las obras que yo hago también las hará"; [Juan 14:12] podría entenderse como: "El que cree, como yo creo, las obras que yo hago, él también las hará". A Jesús no le extrañó hacer las obras de Dios porque sabía que tenía el poder divino. "Yo y mi Padre somos uno". [Juan 10:30]

Es natural actuar conforme a quien uno cree ser. Por ello, viva sintiendo que ya es lo que desea ser, y así lo será. De este modo, establecerá en su interior la realidad del éxito.

"Al asumir el sentimiento de ya poseer aquello que anhela, abrirá el camino hacia su realización."

Y.R

EJERCICIO PRÁCTICO:

Haga una lista de tres momentos en los que logró algo importante en su vida.

Analice: ¿Qué sentimientos lo acompañaron en esos momentos?

Ahora identifique: ¿Qué sentimientos necesita cultivar hoy para acercarse a su nuevo deseo?

Tres logros importantes:

_____
_____
_____

¿Qué sentimientos me acompañaron?

_____
_____
_____
_____
_____
_____

¿Qué sentimientos necesito cultivar para mi nuevo deseo?

_____
_____
_____
_____
_____
_____
_____
_____

ESPACIO DE TRANSFORMACIÓN

Este es el lugar donde el lector se transforma en autor de su propio cambio. Un espacio creado para reflexionar, para escuchar esa voz interna, la única capaz de dar forma a su destino. Aquí, **cada palabra sembrada será semilla de lo que pronto florecerá en su vida**.

AFIRMACIONES PODEROSAS

Las afirmaciones son semillas de poder que, al ser repetidas con convicción y sentimiento, impregnan el subconsciente y transforman la realidad. Este espacio ha sido creado para que usted conecte con su voz interna y refuerce, a través de palabras conscientes, los estados que desea manifestar en su vida. Lea, repita y escriba estas afirmaciones con fe, sintiendo que cada una ya es una verdad en su experiencia. Escriba afirmaciones personales que resuenen con sus deseos actuales. Elija palabras que despierten en usted el sentimiento de ya ser, tener o experimentar aquello que desea manifestar.

Afirmación #1:
"Yo soy consciente del poder creativo que reside en mí y lo uso con sabiduría para transformar mi vida."

Afirmación #2:

_____
_____
_____
_____

Afirmación #3:

_____
_____
_____
_____

Afirmación #4:
"Cada noche, al dormir, impregno mi subconsciente con la sensación de mi deseo cumplido."

Afirmación #5:

_____
_____
_____
_____

Afirmación #6:

_____
_____
_____
_____

Afirmación #7:

"Oro con gratitud, sabiendo que lo que pido ya me ha sido concedido."

Afirmación #8:

_____
_____
_____
_____

Afirmación #9:

_____
_____
_____
_____

Afirmación #10:

"Asumo plenamente el sentimiento de ser y tener aquello que deseo, porque sé que eso lo convierte en realidad."

Recuerde repetir estas afirmaciones cada día, sintiéndolas como realidades presentes.

REFLEXIONES PERSONALES

Esta sección ha sido creada para invitarle a detenerse, observarse y dialogar consigo mismo. Aquí podrá explorar las ideas que más le resonaron, identificar las emociones que desea cultivar y reconocer los patrones que está listo para transformar. **No hay respuestas correctas ni incorrectas**; solo su voz interior guiándolo hacia una comprensión más profunda de su propia vida.

Reflexión #1:
"¿Qué deseo quiero manifestar primero?"

_____

_____

_____

_____

Reflexión #2:

_____
_____
_____
_____

Reflexión #3:
"¿Qué sentimientos necesito cultivar para lograr lo que deseo?"
_____
_____
_____
_____

Reflexión #4:

_____
_____
_____
_____

Reflexión #5:
"¿Qué pensamientos y creencias estoy listo para soltar?"

_____
_____
_____
_____

Reflexión #6:

_____
_____
_____
_____

Reflexión #7:
"¿Cómo me comprometo a nutrir mi fe en lo que deseo cada día?"
_____
_____
_____

Reflexión #8:

_____

_____

_____

_____

Reflexión #9:

"¿Qué acciones o actitudes puedo incorporar para alinearme con mi nueva conciencia?"

_____

_____

_____

_____

Reflexión #10:

_____

_____

_____

_____

Recuerde: cada reflexión escrita aquí es una semilla que plantará en su interior. Confíe en que dará fruto.

DIARIO DE MANIFESTACIÓN

Este espacio le invita a registrar sus experiencias diarias mientras practica las enseñanzas del libro. Use estas páginas para fortalecer su enfoque, reconocer avances y mantenerse alineado con su deseo. Este diario ha sido diseñado para acompañarle durante siete días de práctica consciente. Cada noche, antes de dormir, dedique unos minutos a reflexionar y escribir con honestidad:

Hoy me sentí: Exprese cómo se sintió emocionalmente durante el día, sin juzgarse.

Visualicé este deseo: Anote qué deseo visualizó y cómo lo imaginó realizado.

Noté estos avances o señales: Observe cualquier cambio, señal, sincronicidad o avance, por pequeño que sea, y regístrelo aquí.

Día ____

Hoy me sentí:

_____
_____
_____
_____

Visualicé este deseo:

_____
_____
_____
_____

Noté estos avances o señales:

_____
_____
_____
_____

Día ____

Hoy me sentí:

_____

_____

_____

_____

Visualicé este deseo:

_____

_____

_____

_____

Noté estos avances o señales:

_____

_____

_____

_____

Día ____

Hoy me sentí:

_____
_____
_____
_____

Visualicé este deseo:

_____
_____
_____
_____

Noté estos avances o señales:

_____
_____
_____
_____

Día ____

Hoy me sentí:

_____
_____
_____
_____

Visualicé este deseo:

_____
_____
_____
_____

Noté estos avances o señales:

_____
_____
_____
_____

Día ____

Hoy me sentí:

_____
_____
_____
_____

Visualicé este deseo:

_____
_____
_____
_____

Noté estos avances o señales:

_____
_____
_____
_____

Día ____

Hoy me sentí:

_____
_____
_____
_____

Visualicé este deseo:

_____
_____
_____
_____

Noté estos avances o señales:

_____
_____
_____
_____

Día ____

Hoy me sentí:

_____
_____
_____
_____

Visualicé este deseo:

_____
_____
_____
_____

Noté estos avances o señales:

_____
_____
_____
_____

NOTAS:

FIN

Aquí termina este libro, pero comienza su viaje personal...

EL ARTE DE REALIZAR TUS DESEOS

LECTURAS RECOMENDADAS

Joseph Murphy: *El poder de la mente subconsciente*

Este libro es un clásico del desarrollo personal y espiritual que explora cómo los pensamientos y creencias almacenados en nuestra mente subconsciente moldean nuestra realidad diaria.

Murphy explica, en un lenguaje sencillo y accesible, que el subconsciente funciona como un "jardín" donde cada pensamiento o creencia actúa como una semilla. Si sembramos ideas positivas, cosechamos bienestar, éxito y salud; si sembramos miedo, duda o negatividad, manifestamos bloqueos, enfermedades y fracaso.

Consígalo aquí:

https://amzn.to/4f3KFd6

Florence Scovel Shinn: *El juego de la vida y cómo jugarlo*

Publicado originalmente en 1925, este libro es un clásico de la autoayuda espiritual que ha inspirado a generaciones de lectores. Florence Scovel Shinn nos presenta la vida como un "juego" regido por leyes espirituales universales, donde el pensamiento, la palabra y la fe son las principales herramientas para lograr éxito y armonía.

La autora explica cómo usar afirmaciones, visualizaciones, palabras positivas y confianza en lo divino para superar obstáculos, atraer abundancia, sanar relaciones y vivir en plenitud. Sus enseñanzas mezclan principios metafísicos con referencias bíblicas, presentados de forma práctica y directa.

Consígalo aquí:

https://amzn.to/4nYl9tx

Charles F. Haanel: *El sistema de la llave maestra*

Publicado en 1912, este libro es uno de los textos fundacionales del pensamiento positivo y la ley de atracción. Concebido originalmente como un curso de 24 lecciones semanales, enseña paso a paso cómo usar el poder del pensamiento consciente para moldear la vida, alcanzar metas y desarrollar el potencial interior.

Haanel combina filosofía, psicología práctica y metafísica para explicar que la mente es la causa primaria de todo lo que experimentamos. El libro instruye al lector a concentrarse, visualizar y entrenar la mente para eliminar pensamientos negativos y sembrar ideas de éxito, salud y prosperidad.

Consígalo aquí:

https://amzn.to/3GQcTLB

ACERCA DE LOS AUTORES

Neville Goddard fue un escritor, conferencista y místico nacido en Barbados el 19 de febrero de 1905. Migró a los Estados Unidos a los 17 años para estudiar arte dramático, pero pronto su vida tomó un giro hacia la espiritualidad y la metafísica.

A lo largo de su carrera, Neville se destacó por sus enseñanzas sobre el poder de la imaginación, la conciencia y el sentimiento como herramientas para transformar la realidad. Inspirado en las tradiciones esotéricas, la Biblia y la filosofía del idealismo, transmitió la idea de que cada persona es el creador de su propia experiencia a través de lo que piensa, siente y cree.

Neville ofreció conferencias durante varias décadas, principalmente en Nueva York, Los Ángeles y San Francisco, ganando un público fiel que sigue vigente hoy. Entre sus obras más conocidas se encuentran El sentimiento es el secreto, La ley y la promesa y Despierta e imagina, textos que siguen inspirando a quienes buscan comprender el vínculo entre la mente y la manifestación.

Neville falleció el 1 de octubre de 1972, pero su legado perdura como un referente clave del pensamiento metafísico moderno.

Yousell Reyes, originario de Puerto Rico, una pequeña isla caribeña llena de historia y cultura. Es autor de **Tu Poder Escondido** y **Lo Que Es la Vida**, y se dedica también a traducir obras clásicas, dándoles un enfoque moderno y accesible para los lectores de hoy. Su propósito principal es inspirar y ayudar a otros a alcanzar el éxito personal y espiritual.

Padre de dos hijos, Yousell disfruta compartir tiempo en familia, especialmente viendo películas juntos mientras saborean palomitas de maíz.

Para consultas, consejos o comentarios constructivos, puede contactarlo a:

yousellreyes@**yrmediapr.com**.

Si disfrutó este libro y recibió valor de este, me gustaría pedirle un favor: ¿Sería tan amable de dejar una reseña de este libro? ¡Sería muy apreciado!

Le invito a seguir profundizando en el poder interior que ya habita en usted con mi obra:

Consígalo aquí: https://amzn.to/4nZxoGm

www.ingramcontent.com/pod-product-compliance
Lightning Source LLC
Chambersburg PA
CBHW060359050426
42449CB00009B/1812